La ratita presumida

Aprendo español con cuentos

Lucila Benítez y María José Eguskiza

SOCIEDAD GENERAL ESPAÑOLA DE LIBRERÍA, S. A.

Primera edición, 2005
Primera reimpresión, 2008

Produce: SGEL-Educación
        Avda. Valdelaparra, 29
        28108 Alcobendas (Madrid)

© Lucila Benítez
  M.ª José Eguskiza

© Sociedad General Española de Librería, S. A., 2005

ISBN: 978-84-9778-091-9
Depósito legal: M-39.271-2008
Diseño y maquetación: Rosalía Martínez
Ilustraciones: Anna Pownall

Impresión: Lavel, S.A.

Queda prohibida, salvo excepción prevista en la Ley, cualquier forma de reproducción, distribución, comunicación pública y transformación de esta obra sin contar con la autorización de los titulares de la propiedad intelectual. La infracción de los derechos mencionados puede ser constitutiva de delito contra la propiedad intelectual (Art. 270 y ss. Código Penal): El Centro Español de Derechos Reprográficos (www.cedro.org) vela por el respeto de los citados derechos.

ÍNDICE

La ratita presumida 5
Actividades para la clase 13
Actividades individuales 21
Guía del profesor 31
Actividades para la clase (Explotación pedagógica) 32
Actividades individuales (Soluciones) 38

Érase una vez una ratita muy presumida. La ratita está limpiando su casa.

—Lalara larita, limpio mi casita...

De pronto, ve algo en el suelo:

—¡Ah! ¿Pero, qué es esto? ¡Una cosa brillante! ¿Qué será? ¿Será un anillo? ¿Será un collar o una pulsera? ¿Será una llave o una moneda...? Aquí está, ¡sí, es una moneda!

¿De cuánto será la moneda? ¿De un euro? ¿De 2 euros?

—¡Una moneda de 2 euros! ¿Qué me puedo comprar? ¿Me compraré un pantalón? ¿Una camiseta? ¿Unas gafas de sol? ¿Un lazo rojo?

—Sí, eso, me compraré un lazo rojo.

La ratita se compra el lazo, se lo pone y se sienta a la puerta de casa.

Aquí viene el señor Gallo.
—Buenos días, ratita, ¡qué elegante estás!
—Sí..., hago lo que puedo.
—¡Ay, ratita!, ¿te quieres casar conmigo?
—¿Y qué harás por las noches?
—¡Kikirikíííí!
—¡Ay, no, no, que me molesta!

Aquí viene el señor Cerdo.
—Buenos días, ratita, ¡qué elegante estás!
—Sí..., hago lo que puedo.
—¡Ay, ratita!, ¿te quieres casar conmigo?
—¿Y qué harás por las noches?
—¡Oink, oink! ¡Oink, oink!
—¡Ay, no, no, que me molesta!

Aquí viene el señor Burro.
—Buenos días, ratita, ¡qué elegante estás!
—Sí..., hago lo que puedo.
—¡Ay, ratita!, ¿te quieres casar conmigo?
—¿Y qué harás por las noches?
—¡Ío, ío, ío!
—¡Ay, no, no, que me molesta!

Aquí viene el señor Perro.
—Buenos días, ratita, ¡qué elegante estás!
—Sí..., hago lo que puedo.
—¡Ay, ratita!, ¿te quieres casar conmigo?
—¿Y qué harás por las noches?
—¡Guau, guau, guau, guau!
—¡Ay, no, no, que me molesta!

Aquí viene el señor Pato.
—Buenos días, ratita, ¡qué elegante estás!
—Sí..., hago lo que puedo.
—¡Ay, ratita!, ¿te quieres casar conmigo?
—¿Y qué harás por las noches?
—¡Cua, cua, cua, cua...!
—¡Ay, no, no, que me molesta!

Aquí viene el señor Gato.
—Buenos días, ratita, ¡qué elegante estás!
—Sí..., hago lo que puedo.
—¡Ay, ratita!, ¿te quieres casar conmigo?
—¿Y qué harás por las noches?
—¡Dormir y callar, dormir y callar!

—Pero si el gallo dice kikirikí; el cerdo dice oink, oink; el burro dice ío, ío; el perro dice guau, guau; el pato dice cua, cua; y el gato duerme y calla...
¿Quién limpia la casa? ¡No, no me quiero casar!
Y la ratita echa a todos los animales de su casa a escobazos.
—¡Fuera, fuera de aquí todos!
Está claro: la ratita era presumida, pero no tonta.

Y así, colorín, colorado,
este cuento se ha acabado.

Actividades para la clase

1. ¿Qué dicen los animales?

2. Elige un animal y diseña su máscara.

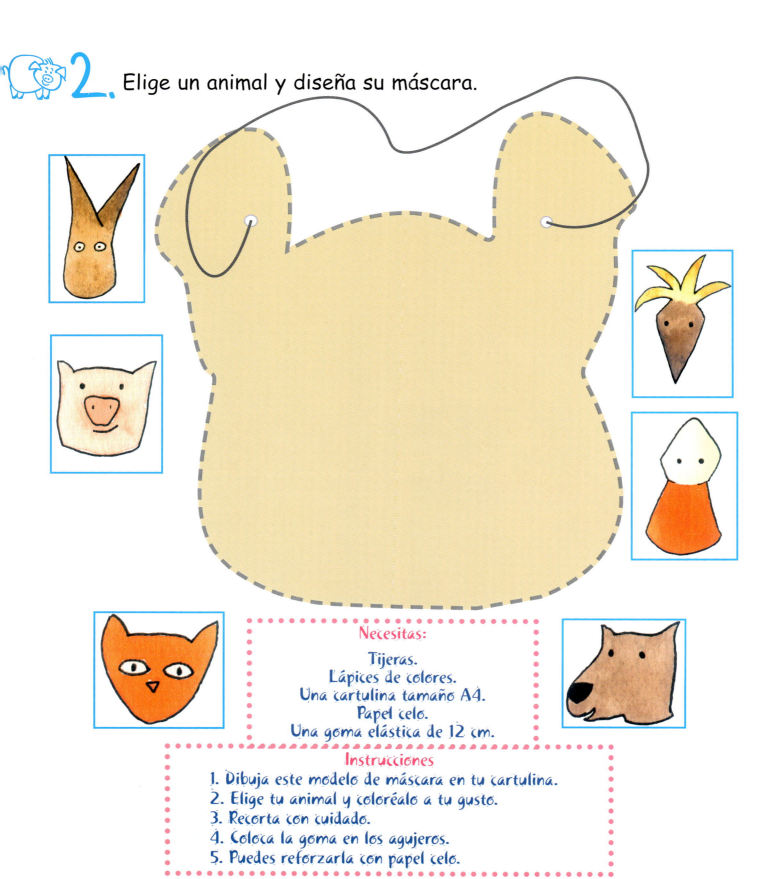

Necesitas:
Tijeras.
Lápices de colores.
Una cartulina tamaño A4.
Papel celo.
Una goma elástica de 12 cm.

Instrucciones
1. Dibuja este modelo de máscara en tu cartulina.
2. Elige tu animal y coloréalo a tu gusto.
3. Recorta con cuidado.
4. Coloca la goma en los agujeros.
5. Puedes reforzarla con papel celo.

3. Escucha el cuento y levanta tu máscara al oír el nombre de tu animal.

4. Une el texto y las imágenes. Memoriza lo que dice tu animal.

1. —Buenos días, ratita, ¡qué elegante estás!
—Sí…, hago lo que puedo.
—¡Ay, ratita!, ¿te quieres casar conmigo?
—¿Y qué harás por las noches?
—¡Kikirikíííí!
—¡Ay, no, no, que me molesta!

2. —Buenos días, ratita, ¡qué elegante estás!
—Sí…, hago lo que puedo.
—¡Ay, ratita!, ¿te quieres casar conmigo?
—¿Y qué harás por las noches?
—¡Oink, oink, oink, oink!
—¡Ay, no, no, que me molesta!

quince 15

3. —Buenos días, ratita, ¡qué elegante estás!
—Sí..., hago lo que puedo.
—¡Ay, ratita!, ¿te quieres casar conmigo?
—¿Y qué harás por las noches?
—¡Ío, ío, ío!
—¡Ay, no, no, que me molesta!

4. —Buenos días, ratita, ¡qué elegante estás!
—Sí..., hago lo que puedo.
—¡Ay, ratita!, ¿te quieres casar conmigo?
—¿Y qué harás por las noches?
—¡Guau guau, guau guau!
—¡Ay, no, no, que me molesta!

5. —Buenos días, ratita, ¡qué elegante estás!
—Sí..., hago lo que puedo.
—¡Ay, ratita!, ¿te quieres casar conmigo?
—¿Y qué harás por las noches?
—¡Cua, cua, cua, cua...!
—¡Ay, no, no, que me molesta!

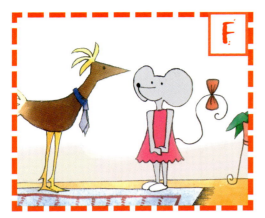

6. —Buenos días, ratita, ¡qué elegante estás!
—Sí..., hago lo que puedo.
—¡Ay, ratita!, ¿te quieres casar conmigo?
—¿Y qué harás por las noches?
—¡Dormir y callar, dormir y callar!

5. Mira la imagen y habla.

¿Cuántas cosas puede comprar la ratita con una moneda de dos euros?

¿Cuántas cosas comprarías tú?

6. Mira los dibujos de la ratita haciendo las tareas del hogar y nombra todas las que puedas.

Planchar

Hacer la cama

Preparar la comida

Limpiar el polvo

Barrer

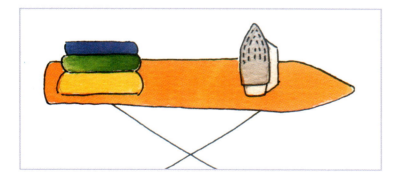

7. Contesta la siguiente encuesta y pregunta a tus compañeros y compañeras.

Preguntas	Mis compas	Yo
¿Haces la cama?		
¿Preparas la comida?		
¿Pones la mesa?		
¿Barres?		
¿Planchas?		
¿Haces los recados?		

8. Elabora una gráfica con los datos anteriores.

9. Completa el siguiente texto.

La ratita está limpiando su .... y encuentra una ....
Se compra un ....
Viene el señor .... y le dice: Ratita, ¿te quieres ....?
La .... le responde que no, porque le molesta.
Luego vienen el señor ...., el señor ...., el señor ...., el señor .... y el señor .... y todos le dicen: Ratita, ¿..?
La ratita les responde que ...., porque le molestan. Al final, los echa a escobazos porque no quieren hacer las tareas de la casa.

diecinueve 19

10. Escribe los textos de la historia debajo de su dibujo correspondiente.

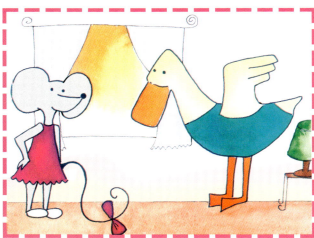

11. Elige un personaje y representa el cuento.

Actividades individuales

 1. Escribe los nombres de los animales en este crucigrama.

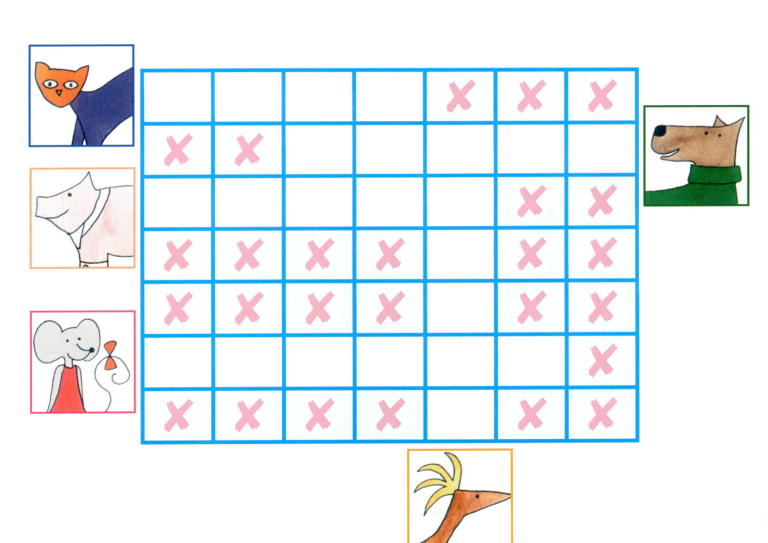

veintiuno 21

 **2.** Resuelve estos problemas.

 Tienes diez euros. ¿Cuántos lazos puedes comprar si cada lazo vale un euro?

 ¿Cuántos regalos puedes comprar si tienes 20 euros? (Elige alguno de los que aparecen debajo).

3. Dibuja.

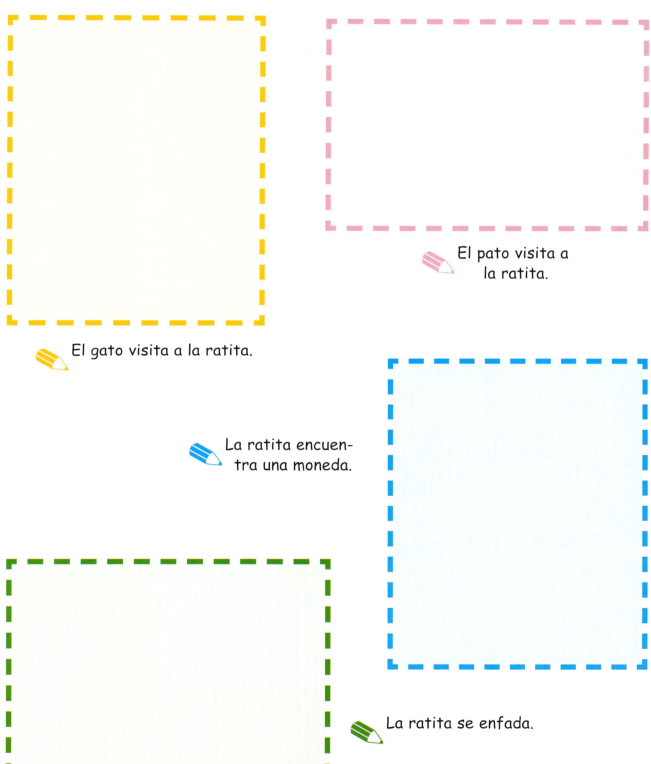

El pato visita a la ratita.

El gato visita a la ratita.

La ratita encuentra una moneda.

La ratita se enfada.

veintitrés 23

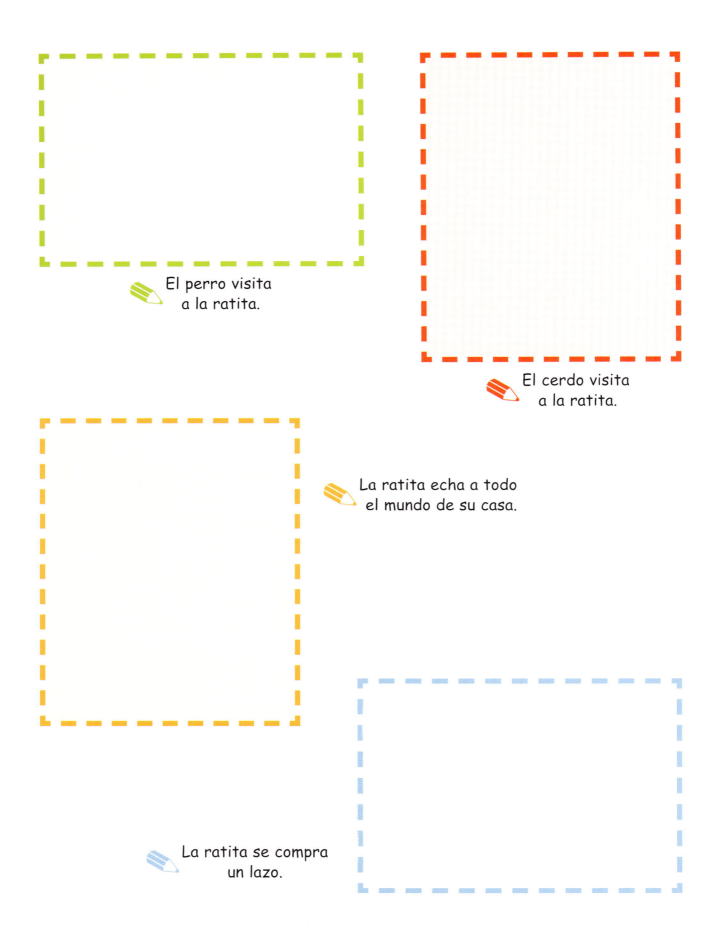

4. Une las imágenes y las frases.

La ratita

A. Barre la casa.

B. Limpia el polvo.

C. Plancha la ropa.

D. Hace la cama.

E. Hace los recados.

F. Prepara la comida.

5. Contesta si es verdadero (V) o falso (F) o no sabes (NS).

	V	F	NS
La ratita encuentra dinero a la puerta de su casa.			
A los animales les gustan todas las ratas con lazo.			
La ratita compra un ramo de flores.			
La ratita se casa con el perro.			
Los animales no quieren trabajar en casa.			
La ratita cree que los animales no quieren trabajar en casa y se enfada.			

6. Busca estas palabras en la sopa de letras.

golosinas, pulsera, helado, patatas fritas, euro, anillo, moneda, dinero, lápices de colores, lazo, yo-yo

H	E	L	A	D	O	L	A	R	A
T	F	R	I	T	A	S	I	T	A
P	R	E	S	A	T	A	T	A	P
M	O	N	E	D	A	N	S	L	U
C	E	D	S	E	C	I	P	Á	L
O	U	O	M	I	D	S	A	Z	S
L	E	R	S	U	Y	O	Y	O	E
O	N	E	C	R	E	L	O	J	R
R	A	N	I	L	L	O	U	E	A
E	N	I	T	O	I	G	N	F	A
S	N	D	T	I	L	G	M	A	S

26 veintiséis

7. Separa las frases en la serpiente.

Guía del profesor

El cuento de *La ratita presumida* es un relato tradicional que nos parece de especial interés por ofrecer grandes posibilidades para su representación en clase y por presentar la característica de la reiteración de frases que resulta muy atractiva para los niños y niñas y especialmente eficaz para conseguir una memorización significativa y permanente. Hemos alterado el final tradicional de la historia por evitar la crueldad del hecho de que el gato se coma a la ratita y por dar una imagen menos sexista y menos pasiva de la figura femenina que, en su ansia por casarse, no repara en el peligro de hacerlo con un gato.

En cuanto a las actividades, consideramos que es el propio cuento el que, en cierta medida, exige un tipo de actividad u otra y el que, como el guiso a una buena cocinera, le va "pidiendo" los ingredientes y las cantidades concretas y precisas para conseguir el resultado más sabroso. En nuestro caso, el resultado más sabroso siempre es el más motivador y, por tanto, el más eficaz.

En este sentido, parece interesante establecer como principio fundamental la importancia de conseguir la atención y el interés de la clase. Para ello es necesario ser flexibles y adaptar la propuesta que aquí se ofrece a las características específicas del grupo al que se dirige la intervención. Cuando las autoras proponen un tiempo o un uso de los materiales, la profesora deberá pensar en su clase y modificar, suprimir o añadir según las necesidades de su grupo. La nuestra es una propuesta abierta que sin duda se verá enriquecida con las aportaciones y puestas en práctica de cada profesor y profesora en su aula.

Se ha intentado incluir un número equilibrado de actividades dirigidas al desarrollo de las destrezas lingüísticas: comprensión auditiva, expresión oral, comprensión de lectura y expresión escrita, buscando un desarrollo compensado de las mismas, sin olvidar que, sobre todo en los primeros niveles, son las de índole oral las que más tiempo nos deben ocupar. En este sentido, hemos incluido la propuesta de dramatización de la historia porque nos parece que la memorización significativa y contextualizada es un método extraordinario de aprendizaje que puede acabar siendo permanente si se facilitan al alumnado las estrategias que le posibiliten integrarlo en la construcción de su proceso.

ACTIVIDADES PARA LA CLASE
(Explotación pedagógica)

1. ¿Qué dicen los animales?

Se trata de una actividad de presentación. Mostramos al alumnado las imágenes de los animales que van a participar en el cuento.

Podemos hacer una actividad de torbellino de ideas en la que surjan los nombres de esos animales en español. De ese modo nos aseguramos de que todo el mundo conozca los nombres de los animales que aparecen en el cuento. A continuación, preguntamos qué ruido hace cada animal.

Después presentamos la actividad 1 y los niños y niñas unen cada animal con el ruido que éste hace en español.

Para terminar, comentamos las diferencias de los ruidos en español y en su propia lengua.

2. Elige un animal y diseña su máscara.

Si es posible, trabajamos con grupos de seis niños y niñas en los que cada persona elige uno de los animales que aparecen en el texto. Una vez decidido quién será cada uno, presentamos la ficha de la actividad 2: los niños y niñas deben decorar la máscara con su animal. Pueden basarse en la propuesta de la ficha o crear una propia.

La clave de esta actividad es que se desarrolle íntegramente en español: tanto las instrucciones que el alumnado debe seguir, como las peticiones de material al resto de la clase y a la profesora deberán hacerse en la lengua de aprendizaje.

Así, por ejemplo, la profesora dirá: "Elige tu animal. Dibújalo y colorea la máscara. Recórtala. Haz dos agujeros con mucho cuidado en el sitio indicado", etcétera.

3. Escucha el cuento y levanta tu máscara al oír el nombre de tu animal.

Ésta es una actividad típica de comprensión auditiva. Los niños y niñas deben levantar la máscara y ponérsela cada vez que aparece su animal en la historia.

Podríamos hacer una segunda audición en la que el grupo intente reproducir lo que dice cada uno de los animales. Con la ayuda de la pizarra, podemos reconstruir lo que dice cada animal con la participación de todo el mundo.

A continuación, toda la clase escucha de nuevo la grabación y al llegar el momento indicado, cada animal, con la máscara puesta, recita su parte con el apoyo del texto de la pizarra.

4. Une el texto y las imágenes. Memoriza lo que dice tu animal.

En la actividad aparecen las imágenes de los animales y los diálogos entre éstos. La clase tiene que unir cada texto con el animal correspondiente; luego animamos a los niños y niñas a que, en grupos, representen el diálogo que les corresponde.

Soluciones: 1-F, 2-E, 3-B, 4-C, 5-D y 6-A

5. Mira la imagen y habla.

Podemos empezar con una actividad de torbellino de ideas ante la imagen de la ratita, de forma que toda la clase participe en nombrar todos los objetos que en ella aparecen. Es posible que tengamos que introducir algunas palabras nuevas.

A continuación, presentamos las monedas de euro al grupo. Les explicamos las correspondencias con la moneda de nuestro país. Les pedimos que representen situaciones de compra según el modelo siguiente:

-¡Buenos días!
-¡Buenos días! Una cinta para el pelo, por favor.
-¿De qué color?
-Verde.
-¿Te gusta ésta?
-Sí, ésta me gusta, ¿cuánto es?
-Dos euros.
-Toma. Gracias. Adiós.
-Adiós, muchas gracias.

También podemos plantear unos ejercicios de cálculo a partir de las equivalencias entre el euro y nuestra propia moneda.

Ej: ¿Cuántos euros son 3 dólares/yens/libras/…?

Una vez respondidas las preguntas de la actividad, primero por parejas y luego en gran grupo, pedimos a los niños y niñas posteriormente que digan algunas de las cosas que pueden comprar en su país con dos euros.

Para finalizar podemos pedir a la clase que, por grupos, busque en revistas fotos de cosas que se podrían comprar con 1 euro, con 2, etc.; los grupos escriben sus nombres en español y crean un póster que permanece en la clase para ayudar al alumnado a entender los distintos valores de las monedas.

6. Mira los dibujos de la ratita haciendo las tareas del hogar y nombra todas las que puedas.

Pedimos al grupo que intente descubrir las distintas tareas del hogar que vamos a representar mediante gestos: planchar, hacer la cama, poner la mesa, barrer, hacer los recados y preparar la comida.

Podemos reforzar la comprensión escribiendo las frases en trozos de cartulina que se colocan previamente por toda la clase.

A medida que los niños y niñas van acertando, pueden sustituir a la profesora y pasar a ser ellos o ellas quienes representen las acciones.

A continuación, presentamos a la clase las imágenes relativas a las tareas del hogar. Pedimos al alumnado que las nombre y, si nos parece adecuado, las escribimos en la pizarra.

Podemos abrir un turno de preguntas y respuestas, en el que cada pareja se pregunta:

"¿Cuál es la tarea que más te gusta?"

Posteriormente, la pareja informa al resto del grupo de la tarea que más le gusta a su compañero o compañera, diciendo, por ejemplo: "A Jonathan le gusta planchar".

7. Contesta la siguiente encuesta y pregunta a tus compañeros y compañeras.

Podemos iniciar la actividad repasando las tareas mediante gestos como los de la actividad anterior.

A continuación, iniciamos una ronda de preguntas formuladas como las de la encuesta que se propone a continuación. Por ejemplo: "¿Pones la mesa?, ¿Planchas?", etcétera.

Luego pedimos al grupo que conteste la encuesta y que pregunte a su compañero o compañera sobre las tareas que realiza en casa.

Finalmente, podemos recoger los resultados de las encuestas en una tabla.

Preguntas	Número de personas
¿Haces la cama?	
¿Preparas la comida?	
¿Pones la mesa?	
¿Barres?	
¿Planchas?	
¿Haces los recados?	

8. Elabora una gráfica.

Los datos recogidos en la tabla anterior pueden servir de base para que los niños y niñas calculen el porcentaje de personas de la clase que realizan las tareas del hogar nombradas. Los resultados se reflejan posteriormente en una gráfica que puede elaborarse rudimentariamente en el cuaderno. Si la escuela cuenta con ordenadores, la gráfica puede realizarse en ellos reforzando así el aprendizaje de su uso.

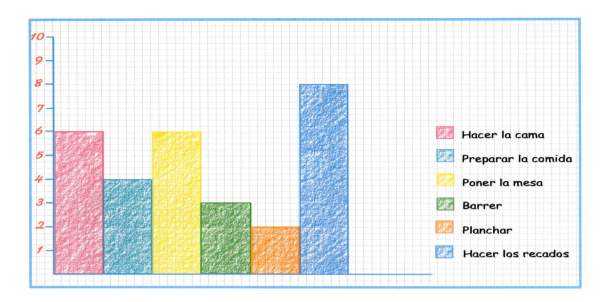

Para terminar. podríamos iniciar un pequeño debate sobre las tareas, el papel de la mujer en el ámbito doméstico, el reparto del trabajo, etcétera.

9. Completa el siguiente texto.

Proponemos a la clase una actividad de escritura muy sencilla que consiste en recordar el vocabulario que han aprendido con el cuento.

En un primer paso, pedimos a los niños y niñas que lean el ejercicio y descubran las palabras que faltan. Después de una puesta en común oral, la clase escribe cada palabra en su hueco.

10. Escribe los textos de la historia en su dibujo correspondiente.

Pedimos a los niños y niñas que reconstruyan entre todos la historia, sugiriendo una frase cada uno.

A continuación, les pedimos que escriban el texto correspondiente a cada viñeta.

Algunos serán capaces de crear el texto a partir de lo que ya han aprendido; sin embargo, si el nivel lo exige, podemos proporcionárselo desordenado. De esta manera, el alumnado sólo tendría que reconocer el texto y ordenarlo para unirlo a las imágenes de la historia.

—Ratita, ¿te quieres casar conmigo?
—¿Y qué harás por las noches?
—¡Dormir y callar, dormir y callar!

—Ratita, ¿te quieres casar conmigo?
—¿Y qué harás por las noches?
—¡Cua, cua, cua, cua...!
—¡Ay, no, no, que me molesta!

La ratita echa a los animales a escobazos.

La ratita presumida está limpiando su casa y se encuentra una moneda.

11. Elige un papel y representa el cuento.

Repartimos los papeles y se lee la historia en grupo. Para la representación, o bien organizamos la clase en grupos de 7 actores y actrices, más una persona que actúe de narrador, o añadimos más personajes siguiendo el modelo del cuento. En todos los casos es necesario que el alumnado memorice su parte de la historia para representarla.

Para la representación, recuperamos las máscaras que hicimos en el primer ejercicio de esta propuesta de actividades.

La historia se representa en clase y, si es posible, se graba en vídeo para poder comentarla analizando la lengua y las actuaciones.

Si hemos trabajado en grupos de siete, elegimos uno de ellos para representar el cuento ante la escuela y/o las madres y los padres.

ACTIVIDADES INDIVIDUALES
(Soluciones)

1. Escribe los nombres de los animales en este crucigrama.

G	A	T	O	X	X	X
X	X	O	R	R	E	P
C	E	R	D	O	X	X
X	X	X	X	L	X	X
X	X	X	X	L	X	X
A	T	I	T	A	R	X
X	X	X	X	G	X	X

2. Resuelve estos problemas.

10 lazos
10 regalos

4. Une las imágenes y las frases.

1-C   2-A   3-B
4-F   5-D   6-E